BEI GRIN MACHT SICH IHR WISSEN BEZAHLT

Bibliografische Information der Deutschen Nationalbibliothek:

Die Deutsche Bibliothek verzeichnet diese Publikation in der Deutschen National-bibliografie; detaillierte bibliografische Daten sind im Internet über http://dnb.d-nb.de/ abrufbar.

Impressum:

Copyright © 2015 GRIN Verlag
Druck und Bindung: Books on Demand GmbH, Norderstedt Germany
ISBN: 9783668854253

Dieses Buch bei GRIN:

https://www.grin.com/document/450248

S. Wolff

Fachkräftemangel in Deutschland. Mythos oder Realität?

GRIN Verlag

Inhaltsverzeichnis

II. Abkürzungsverzeichnis

BDA   Bundesvereinigung der Deutschen Arbeitgeberverbände

DIW   Deutsches Institut für Wirtschaftsforschung

IW   Institut der deutschen Wirtschaft

MINT   Mathematik, Informatik, Naturwissenschaft, Technik

VDI   Verein Deutscher Ingenieure

1 Einleitung

1.1 Wissenschaftliche Relevanz

Nicht nur im aktuellen Mediengeschehen gibt es seit einiger Zeit ein Thema, das viele potentielle Arbeitnehmer, Arbeitgeber und die (Arbeitsmarkt-)Politik mehr denn je beschäftigt, manche Unternehmer befürchten sogar Wirtschaftseinbußen: Es geht um den Fachkräftemangel. Die Unternehmenskultur in Deutschland scheint sich im Laufe der Jahre gewandelt zu haben. Das Phänomen des Fachkräftemangels kam vermehrt nach dem wirtschaftlichen Aufschwung nach der Finanz- und Wirtschaftskrise auf[1] und als Folge dessen scheinen sich die Politiker und Wirtschaftswissenschaftler mit einer immer wiederkehrenden arbeitsmarktpolitischen Diskussion beschäftigen zu müssen.

Aktuell klagen viele Unternehmen über den Mangeln an fachlicher Kompetenz ihrer Arbeitnehmer oder gar über eine Vielzahl unbesetzter Stellen. Über die Frage, ob es nun Fachkräftemangel in Deutschland gibt, streiten nicht nur die Wirtschaft und die Wissenschaftler, sondern auch die Politiker. Obwohl jederzeit kurzfristige Ungleichgewichte auf dem Arbeitsmarkt in dynamischen Marktwirtschaften auftreten können, scheinen viele Arbeitgeber und Verbände besorgt. Zum einen könnte die Sorge durch den demografischen Wandel manifestiert worden sein und deshalb auch in Zukunft große Auswirkungen auf den Arbeitsmarkt haben und zum anderen haben viele Unternehmern auf Grund des chronischen Mangels an qualifizierten Arbeitskräften die Angst, vor einem wirtschaftlichen Misserfolg zu stehen.

Konkret formuliert, soll im Verlauf dieser wissenschaftlichen Arbeit verdeutlicht werden, was den Fachkräftemangel ausmacht und woraus eben dieser Mangel – unter Betrachtung des demografischen Wandels – an qualifizierten Arbeitskräften überhaupt entsteht. Die wissenschaftliche Relevanz dieser Arbeit soll allerdings nicht nur daraus bestehen, der Frage nachzugehen, welche Ursachen der Fachkräftemangel in Deutschland hat, sondern auch, ob der Fachkräftemangel tatsächlich existiert oder lediglich ein Mythos ist. Anhand von Argumenten der Befürworter des Fachkräftemangels und Gegendarstellungen der Kritiker soll erörtert werden, ob der Fachkräftemangel ein verifiziertes und vor allem bedrohliches Problem der deutschen Wirtschaft und Arbeitsmarktpolitik ist. Nachdem die Quellen und Ausmaße des Fachkräftemangels dargestellt wurden, soll außerdem herausgestellt werden, warum viele Arbeitsuchende nicht mit den Arbeitgebern und deren Stellenangebote zusam-

---

[1] Vgl. Kettner, A. (2012), S. 9.

menfinden. Abschließend wird sich die vorliegende Arbeit damit beschäftigen, wie das Verteilungsproblem mit Hilfe von neuen Wegen und Strategien zukünftig gelöst werden kann, denn trotz einer hohen Arbeitslosenzahl mangelt es der Wirtschaft scheinbar an qualifiziertem Fachpersonal.

2 Fachkräftemangel

2.1 Definition

Die mangelnde Verfügbarkeit von qualifizierten Arbeitnehmern, die berufsübergreifende und branchenspezifische Qualifikationen haben, kann sich auf dem Arbeitsmarkt und in der Wirtschaft als nicht zu verachtendes Problem darstellen. Um diesen Zustand genauer zu durchleuchten, soll im Folgenden zunächst einmal der Begriff des Fachkräftemangels eingeordnet werden.

Der Fachkräftemangel lässt sich lediglich anhand von verschiedenen Indikatoren bestimmen, da er ein „zumeist undifferenziert verwendeter Begriff"[2] ist und „es bislang keine einheitliche Definition"[3] gibt. Allgemein lässt sich allerdings festhalten, dass die Knappheit an Arbeitskraft, die regional, national oder auch branchenspezifisch sein kann, entsteht, wenn sich Angebot und Nachfrage nicht in der gleichen Intensität und Richtung entwickelt[4]. Demnach könne ein solcher Mangel dann entstehen, wenn es nicht genügend Fachkräfte auf offene Stelle gebe oder aber auch der Bewerber nicht den gestellten Anforderungen entspreche[5]. „Die Gründe für die bestehenden Schwierigkeiten […] können folglich sowohl auf der Angebots- als auch auf der Nachfrageseite auftreten".[6] Nicht nur die Entwicklung von Angebot und Nachfrage auf dem Arbeitsmarkt kann ein Indikator für Fachkräftemangel sein, sondern auch die Alterung der Gesellschaft. Der demografische Wandel kann für einen nationalen Fachkräftemangel sorgen, sofern es irgendwann kein ausreichend qualifiziertes Personal mehr gibt, das die neuen Maschinen und Techniken beherrscht. Letztlich beschreibt der Fachkräftemangel eine Situation in der Wirtschaft, in der nicht genügend Arbeitsplätze von Arbeitnehmern mit bestimmten Qualifikationen besetzt werden können. Außerdem könnte der Fachkräftemangel zusätzlich ein Indiz dafür sein, dass auf Seiten der Unternehmen zwar häufig ein enormes Qualifikationsdefizit ihrer Bewerber bemängelt werde, im

---

[2] Kettner, A. (2012), S. 9.
[3] Ebd., S. 18.
[4] Vgl. Kettner, A. (2012), S. 17.
[5] Vgl. Obermeier, T. [Bpb] (2014), Web.
[6] Mitesser, M. (2012), S. 43.

Umkehrschluss allerdings die Qualifikationsanforderungen des Unternehmens nicht flexibel genug gestaltet und anpasst seien[7].

Nicht nur der Fachkräftemangel als solches stellt für Unternehmen eine Gefährdung hinsichtlich des Bestehens am Markt dar, sondern auch Fachkräfteengpässe. Diese Engpässe entstehen, „wenn eine vorübergehende Diskrepanz zwischen Fachkräfteangebot und – nachfrage besteht"[8]. Der Engpass könnte – im Gegensatz zum Fachkräftemangel – insofern behoben werden, als die Arbeitssuchenden und die Unternehmen kompromissbereit seien und von Unternehmensseite eine hohe Investitionsbereitschaft gezeigt werde[9].

2.2 Ursachen

In diesem Abschnitt werden bestimmte Ursachen erläutert, die den Fachkräftemangel entstehen lassen oder eben diesen zur Folge haben. Dabei wird im weiteren Verlauf zwischen externen und internen Einflussgrößen entschieden[10]. Zu den externen Einflussgrößen gehören unter anderem konjunkturelle Schwankungen, die eine rhythmisch wiederkehrende Veränderung darstellen, die sogar über Jahre hinweg auftreten kann. Die Konjunktur umfasse dabei die gesamtwirtschaftlichen Größen wie Produktion, Beschäftigung und Preise.[11] Da Unternehmen auf Grund von zyklischen Konjunkturschwankungen flexibel sein wollen, wäre eine Möglichkeit, vermehrt auf Zeitarbeit zu setzen, um durch eine hohe Anpassungsfähigkeit am Markt bestehen zu bleiben. Somit müsste ein Unternehmen, das unter konjunkturellen Schwankungen leidet, bei einem Konjunkturhoch nicht auf seine Mitarbeiter verzichten und könnte im Gegenzug während einer Rezession trotzdem von der Kurzzeitarbeit profitieren.

Doch nicht nur die Konjunkturschwankungen können als eine Quelle des Fachkräftemangels angesehen werden, sondern auch der gesellschaftliche Strukturwandel. Der Strukturwandel beinhaltet dabei nicht nur den sektoralen Wandel von einer Agrargesellschaft über eine Industriegesellschaft bis hin zur Dienstleistungs- und Informationsgesellschaft, sondern beschreibt auch einen intrasektoralen Wandel. Dieser ist dadurch gekennzeichnet, dass die Arbeit in Industrieproduktionen zunehmend Maschinen übernehmen und somit der Beschäftigungsanteil von (Fach-)Personal zurückgeht. Der regionale Strukturwandel beschreibt die Veränderung von wirtschaftlichen Strukturen, die „zum Teil mit einschneidenden

---

[7] Vgl. Kettner, A. (2012), S. 17.
[8] Kettner, A. (2012), S. 16.
[9] Vgl. Kettner, A. (2012), S. 16.
[10] Mitesser, M. (2012), S. 43.
[11] Horn, G. A. [Wirtschaftslexikon], Web.

Konsequenzen für den Arbeitsmarkt"[12] einhergehen. Das Ruhrgebiet hat sich beispielsweise im Laufe der Jahre von einem reinen Bergbau-Sektor zu einer modernen Dienstleistungsgesellschaft entwickelt. Nicht nur der gesellschaftliche Strukturwandel begünstigt das Fehlen von Fachpersonal, sondern auch andere externe Einflüsse wie die Globalisierung oder auch neue Technologien. Das liegt vor allem daran, dass es heutzutage viele moderne Industrienationen gibt, die am Weltmarkt mitmischen und der Drang danach, innovativ zu sein und den Anschluss an die technischen Fortschritte nicht zu verpassen, Unternehmen enorm unter Druck setzen. Unternehmen müssen konkurrenzfähig bleiben, um bestehen zu können und dabei allerdings noch ihren qualitativen und quantitativen Ansprüchen gerecht werden. Welche Folgen und Auswirkungen dieser Druck nicht nur für die Unternehmensspitze, sondern auch für deren Humankapital mit sich bringt, wird im nächsten Abschnitt unter Punkt 2.3 genauer dargestellt. Eine andere, sehr bedeutende externe Einflussgröße stellt außerdem der demografische Wandel dar, auf den allerdings erst in Abschnitt 2.4 näher eingegangen wird.

Neben den bisher aufgeführten externen Faktoren, spielen auch interne Einflussgrößen wie etwa Rekrutierungsschwierigkeiten eine enorme Rolle für den Fachkräftemangel. Um die Zukunftsfähigkeit eines Unternehmens zu sichern, müssen die Arbeitnehmer nämlich nicht nur qualifiziert genug sein, sondern auch quantitativ zur Verfügung stehen. Für viele Unternehmen sind die Mitarbeiter die wichtigste Ressource. Kommen Arbeitnehmer und Arbeitgeber allerdings nicht richtig zusammen, entstehen nicht nur Lücken, die die benötigte Arbeitskraft betreffen, sondern auch Wissenslücken. Gerade zu wenige Schulungen und Fortbildungen können auf Dauer Kompetenzengpässe verursachen – vor allem hinsichtlich des andauernden technischen Fortschritts. Auch durch die fehlende Ausbildung von Nachwuchs kann die Flexibilität eines Unternehmens verloren gehen. Trotz mangelnder Fort- und Weiterbildungsangebote sind nicht nur die Unternehmen dafür verantwortlich, ihren Arbeitnehmern das nötige Know-How zu vermitteln, sondern auch das Bildungssystem als externe Einflussgröße. Bedingt durch den zuvor benannten strukturellen Wandel, können „Mangel- und Engpasslagen am Arbeitsmarkt entstehen, [...] weil Bildungsinvestitionen und die Neuausrichtung von Bildungsangeboten erst mit zum Teil großer Zeitverzögerung am Arbeitsmarkt wirksam werden."[13] Wie „Defizite im Bildungssystem"[14] behoben werden könnten, wird in Abschnitt 3.2 näher veranschaulicht.

---

[12] Klein, M. [Wirtschaftslexikon], Web.
[13] Kettner, A. (2012), S. 30.
[14] Mitesser, M. (2012), S. 43.

Nicht nur wirtschaftliche Faktoren können dafür sorgen, dass ein Defizit an Fachpersonal entsteht, sondern auch persönliche Faktoren wie beispielsweise die Unvereinbarkeit vom Berufs- und Familienleben. Auf Seiten der Bewerber kann außerdem eine schlechte Bezahlung ausschlaggebend sein, eine Stelle nicht anzunehmen, woraufhin sich die Fachkräfte-Lücke ebenfalls nicht schließen lässt. Neben den bisher genannten Faktoren, wäre ein weiterer Aspekt, dass das Unternehmen womöglich unter einem schlechten Image leidet, weshalb die qualifizierten Bewerber schlichtweg einfach ausbleiben. Gerade das Image könnte vor allem bei jungen angehenden Akademikern eine bedeutende Rolle einnehmen, denn gerade naturwissenschaftliche oder technische Berufe leiden oft unter Vorurteilen – gerade, wenn es darum geht, weibliches Personal zu rekrutieren.

2.3 Aktuelle Situation in Deutschland

Um herauszufinden, wie es zu einem Fachkräftemangel in Deutschland kommen könnte, wird die aktuelle Situation in Deutschland in diesem Abschnitt genauer betrachtet. Volkswirtin Anja Kettner bringt es in diesem Kontext auf den Punkt: „Ein plötzlicher Mangel an Arbeits- oder Fachkräften steht meist in Verbindung mit einem Nach-frageschock […] bei einem unerwartet starken Konjunkturaufschwung"[15]. Die Immobilienkrise in Amerika 2007 löste 2008 eine drastische Finanzkrise in Deutschland aus. Mittlerweile scheint sich die Wirtschaft zwar vom Einbruch erholt zu haben, allerdings bliebe der doch eher unerwartete Aufschwung nicht ganz ohne Folgen[16]. Die Begleiterscheinungen der US-Krise spürt nicht nur Deutschland, sondern auch andere Wirtschaftsnationen sind der anhaltenden Globalisierung und dem internationalen Wettbewerbsdruck ausgesetzt. Im Zuge dessen spielen ökonomische Faktoren wie Arbeit und Kapital eine „immer größer werdende Rolle im Hinblick auf das Wohlstandsniveau"[17].

Ein Unternehmen, das heutzutage erfolgreich sein will und sich am Markt positionieren muss, sollte darauf bedacht sein, auf innovative Ideen zu setzen, um mit den technischen Fort-schritten gehen zu können und so in einem wettbewerbsstarken Umfeld zu überstehen. Um also den zukünftigen Erfolg eines Unternehmens zu sichern, will es natürlich nicht nur ge-winnbringend wirtschaften, sondern muss auch über „qualifiziertes Personal sowohl in qualitativer als auch in quantitativer Hinsicht zeitnah"[18] verfügen können. Fachkräften wird heutzutage also nicht nur eine nützliche Rolle zuteil, sondern sie bilden sogar eine der

---

[15] Kettner, A. (2012), S. 24.
[16] Vgl. McKinsey & C. (2011), S. 6.
[17] Mitesser, M. (2012), S. 11.
[18] Mitesser, M. (2012), S. 11.

wichtigsten Ressourcen für ein Unternehmen. Schließlich bilden die Fachkräfte eines Unternehmens dessen Humankapital, das dafür sorgen kann, dass qualitativ hochwertige Produkte oder Dienstleistungen entwickelt werden können.

Während der Rezession ergriffen viele DAX-Konzerne die Möglichkeit, ihre Mitarbeiter in Kurzarbeit zu schicken. Auf Grund der sinkenden Nachfrage werde auf diesem Wege einerseits die Produktionen auf die geringe Nachfrage angepasst[19] und andererseits dennoch das Humankapital der Arbeitnehmer für das Überleben der Konzerne garantiert. Auch, wenn seit Ende 2009 ein geringer Anstieg an Beschäftigten am Arbeitsmarkt registriert werden konnte, seien Vollzeitbeschäftigte nach wie vor von der Wirtschaftskrise betroffen. Wenn der Anteil an Teilzeitarbeitsverhältnissen wieder zunehme, stünden einige Betriebe vor neuen Herausforderungen, die das Überstehen am Markt gefährden könnten[20]. Obwohl diese Unternehmen vor dem Hintergrund der konjunkturellen Krise durch das Zeitarbeitsmodell den Großteil des betriebsspezifischen Humankapitals ihrer Mitarbeiter als wichtigste Ressource behalten konnten, könnte der Fachkräftemangel nun eine neue Problematik auf dem Arbeitsmarkt aufwerfen.

Zusammenfassend lässt sich anhand der Betrachtung der aktuellen Situation in Deutschland aufweisen, dass der Nachfrageüberhang die internationale Wett-bewerbsfähigkeit von Unternehmen durchaus gefährden kann. Viele Firmen versuchen dieser Entwicklung deshalb mit Hilfe von Outsourcing entgegenzuwirken, in dem die Produktionsstätte beispielsweise ins (günstigere) Ausland verlegt werde, um die Güter auch weiterhin zu wettbewerbsfähigen Preisen am Markt anzubieten.[21] Doch, selbst, wenn das Outsourcing-Konzept erfolgreich aufgeht, wird das Fehlen von qualifizierten Arbeit-nehmern in Zukunft dazu führen, dass Unternehmen langfristig auf Unternehmenserfolge und Entwicklungspotential verzichten müssen. Ein weiterer negativer Effekt auf die deutsche Volkswirtschaft könnte neben der Abwanderung von Unternehmen und Sektoren die Inflationserhöhung sein: Auf Grund starker Lohnsteigerungen in den Branchen[22], die einen Fachkräftemangel haben, könnte es zu einer verstärkten sozialen Ungleichheit kommen. Damit Folgen wie beispielsweise Produktions-engpässe, Wachstumsgefährdung, ungleiche Lohnsteigerungen und Outsourcing vermieden werden können, müssen die Ungleichgewichte am Arbeitsmarkt beseitigt werden und im

---

[19] Vgl. o.V. [Welt] (2009), Web.
[20] Vgl. Zapf, I. u.a. (2010), S. 1.
[21] Vgl. Mitesser, M. (2012), S. 15.
[22] Vgl. Kettner, A. (2012), S. 18.

Gegenzug eine Basis geschaffen werden, die einen funktions- und anpassungsfähigen Arbeitsmarkt schaffe und so als Grundlage für neue Arbeitsplätze diene.[23]

2.3.1 Demografischer Wandel

Neben den bisherigen wirtschaftlichen Einschätzungen der aktuellen Situation in Deutschland, gibt es einen weiteren wesentlichen Faktor, der den Fachkräftemangel beeinflusst. Unabhängig des wirtschaftlichen Aufschwungs und dessen Folgen, befinde sich Deutschland nämlich mitten im demografischen Wandel und in einer Phase, die besonders durch Geburtenrückgang und Sterblichkeitsrückgang gekennzeichnet sei[24]. Konkret formuliert bedeutet das, dass die Sterberate höher als die Geburtenrate ist und die Bevölkerung abnimmt. Soziologe Franz-Xaver Kaufmann nach zu urteilen, hat Deutschland auf Grund des niedrigen Geburtenniveaus „kein Überalterungsproblem, sondern ein Unterjüngungsproblem"[25]. Die Abnahme und Alterung der Bevölkerung ließe sich zum einen damit erklären, dass die Gesundheitsversorgung ständig verbessert werde[26] und die Lebenserwartung somit erhöht wird. Durch die rückläufige Geburtenrate steigt der Anteil der älteren Bevölkerung gegenüber den Jüngeren. Wegweisend könnte sein, die bisherige Familienförderung zu überdenken und eine Trendwende einzuläuten: Ein Ausbau der familienpolitischen Leistung könne die Geburtenentwicklung stabilisieren[27], denn selbst durch Einwanderungen ließe sich der Wandel nicht aufhalten, sondern lediglich verzögern: „Bis ins Jahr 2003 konnten die Zuwanderungen das negative natürliche Wachstum [...] noch ausgleichen, seitdem befinden wir uns in einer Phase [...] der Überalterung der Bevölkerung"[28], vor allem, weil die Geburtenziffer in Deutschland zwischen 1,3 und 1,4 Kindern pro Frau liege und andere Länder wie Großbritannien und Frankreich geburtenfreudiger seien[29]. Der demografische Wandel zeichnet sich allerdings nicht nur durch die erhöhte Lebenserwartung aus, sondern lässt sich vielmehr durch das Zusammenwirken verschiedener Faktoren charakterisieren: Der medizinische Fortschritt und die Zunahme von Wohlstand und Bildung gehören ebenso zum Phänomen wie ein anderer Umgang mit der Sexualität und Fortpflanzung durch die Pille beispielsweise[30]. Diese Entwicklung hat nicht nur die Reduzierung der Bevölkerung zur Folge, sondern auch einen wirtschaftlichen Nebeneffekt: ein geringeres Wirtschaftswachstum.

---

[23] Vgl. Lenske, W. u.a. (2001), S. 1; S.31-32.
[24] Vgl. Fix, M. (2010), S.4.
[25] Kaufmann, F.-X. (2008), S. 222.
[26] Vgl. Fix, M. (2010), S. 4.
[27] Massing, P. u.a. (2013), S. 25.
[28] Fix, M. (2010), S. 5.
[29] Vgl. Kocka, J. (2008), S. 220.
[30] Ebd., S. 219.

Auf der einen Seite zeigt sich diese Begleiterscheinung am Ausscheiden von älteren Mitarbeitern und somit auch oft am Verlust des Wissens, des Know-How's des Unternehmens und auf der anderen Seite zieht eine immer älter werdende Bevölkerung knappere Personalressourcen mit sich. Im schlimmsten Falle – aus unternehmerischer Sicht beurteilt– verliert das Unternehmen somit nicht nur gut geschultes Personal, sondern auch bestimmte Talente und Spezialisten, die bisher zum Unternehmenserfolg beigetragen haben. An dieser Stelle kann ein Bezug zum Fachkräftemangel hergestellt werden, denn zukünftig gebe es die Situation, dass jährlich mehr Menschen aus der Erwerbstätigkeit ausscheiden als einsteigen würden[31].

Um den Bedarf an Fachkräften nicht nur provisorisch abzudecken, sondern die Lücke mit qualifiziertem Personal zu schließen, sollte dieser Entwicklung entgegengesteuert werden. Doch, wie gefährlich muss man die Entwicklung vom Fachkräftemangel eigentlich beurteilen? Wie aktuell genau das Fachkräftemangel-Problem ist, wird im nachstehenden Abschnitt anhand von verschiedenen Thesen angeschnitten.

3 Fachkräftemangel: Mythos oder Realität?

3.1 Positionen zum Fachkräftemangel

In diesem Abschnitt soll argumentativ herausgestellt werden, ob und in welchem Ausmaße Deutschlands Wirtschaft tatsächlich mit dem Fachkräftemangel zu kämpfen hat und inwiefern überhaupt eine ernstzunehmende Bedrohung für die Wirtschaft und den Arbeitsmarkt hinter dem diskutierten Begriff steckt. Um diese Ausgangsfrage genauer zu durchleuchten, wird im Nachstehenden mit Hilfe von verschiedenen Positionen von Wirtschaftsinstituten und Wissenschaftlern erörtert, ob der Fachkräftemangel – speziell in der MINT-Branche –ein ernsthaftes Problem für den deutschen Arbeitsmarkt darstellt oder, ob die aktuellen Diskussionen lediglich von einem vorübergehenden Arbeitsmarktungleichgewicht zeugen, das man auch als Zeichen für „Innovation und Flexibilität einer Volkswirtschaft"[32] ansehen kann.

Obwohl der Fachkräftemangel von einigen Branchen als bedrohliches Faktum dargestellt und als Risiko für die Innovationsfähigkeit Deutschlands[33] gedeutet wird, gibt es auch skeptische Meinungen, die einen dauerhaften Fachkräftemangel in Deutschland bezweifeln. Vor allem

---

[31] Vgl. Fix, M. (2010), S. 7.
[32] Mitesser, M. (2012), S. 15.
[33] Kaufmann, F.-X. (2008), S. 127 f.

die sogenannte „MINT-Branche" prognostiziert seit geraumer Zeit den dauerhaften Nachwuchsmangel[34] und beklagt den Mangel an qualifiziertem Personal wie kaum eine andere. Obwohl auch abseits der „MINT-Branche" viele Unternehmer, die Medizin und beispielsweise der Pflege-Sektor den Mangel an qualifizierten Arbeitnehmern bekunden, gehen die Meinungen über einen Fachkräftemangel in Deutschland weit auseinander. Wissenschaftler Karl Brenke vom Deutschen Institut für Wirtschafts-forschung (DIW) äußerte sich in Berichten aus dem Jahre 2010 ziemlich deutlich zum Stellenbesetzungsproblem in der deutschen Wirtschaft: Es gebe seiner Meinung nach keine empirische Grundlage für einen solchen Engpass. Weiter stellt der Wochenbericht des DIW heraus, sei noch keine Rede von einem akuten Fachkräftemangel, denn insbesondere im industriellen Sektor sei es infolge der Weltwirtschaftskrise zu einschlägigen Nachfrageeinbußen gekommen und der Stellenabbau in dieser Branche soll erst kürzlich gestoppt worden sein[35]. Das DIW geht sogar noch einen Schritt weiter und verweist auf die mangelnde Präzision „bezüglich des Ausmaßes und der zugrunde gelegten Zahlen, denn bis heute seien keine wissenschaftlichen Verfahren zur exakten Messung des gegenwärtigen und künftigen Bedarfs an qualifiziertem Personal bekannt"[36]. Auch durchgeführte Unter-nehmensbefragungen basieren laut DIW lediglich auf kurzfristigen Prognosen über die mögliche Nachfrage nach Fachkräften[37].

Ein weiterer kritischer Aspekt, den das DIW aufwirft, ist, dass die Bruttostundenlöhne in Deutschland nicht sonderlich gestiegen seien, sondern für bestimmte Branchen sogar sinkende Reallöhne zu verzeichnen gewesen seien: „Die Lohnentwicklung lässt also keinen verbreiteten Fachkräftemangel erkennen. Vielmehr scheint es mit Blick auf die Löhne mehr als hinreichend Fachkräfte zu geben"[38]. Aus dieser Aussage lässt sich schlussfolgern, dass eher qualifizierte Arbeitnehmer am Arbeitsmarkt vertreten sein müssen, da das Gehalt auch ein Indikator für die Knappheit eines Gutes sein kann. Wenn die Bruttostundenlöhne der Fachkräfte also nicht deutlich über den Löhnen eines normalen Arbeiters steigen, lässt sich keine Knappheit und somit keinen nachweislichen Fachkräftemangel erkennen: „Der gegenwärtige Run auf ingenieurwissenschaftliche Studienplätze lässt eher ein Überangebot an solchen Fachkräften erwarten", befürchtet Wissenschaftler Brenke[39].

---

[34] Mitesser, M. (2012), S. 16.
[35] Vgl. Brenke, K. (2010), S. 4.
[36] Mitesser, M. (2012), S. 17.
[37] Vgl. Brenke, K. (2010), S. 4.
[38] Brenke, K. (2010), S. 2-3.
[39] Vgl. Brenke, K. (2012), Web.

Die Bundesvereinigung der Deutschen Arbeitgeberverbände (BDA) ist hingegen vollkommen anderer Meinung: Deren These ist, dass hierzulande ein erhebliches Defizit an Fachpersonal existiere. Die BDA führt den Fachkräftemangel vor allem auf zwei Faktoren zurück: den fortschreitenden Strukturmangel und den demografischen Wandel. Diesem Standpunkt nach zu urteilen, könnte es im Kontrast zu den Thesen des DIW zukünftig sogar ein noch größeres Defizit an Fachpersonal geben. Die BDA stützt sich mit dieser Aussage auf die Ergebnisse des „MINT-Reports", der zweimal jährlich durch das Institut der deutschen Wirtschaft (IW) vorgestellt wird[40]. Nach Auffassung des IW bleibe „trotz der gestiegenen Zahl von Studienanfängern im MINT-Bereich die Lage unverändert angespannt"[41]. Weiter, prognostiziert der IW, werden es langfristig gesehen jährlich etwa 100.000 MINT-Fachkräfte zu wenig sein. Insgesamt beurteilt die Bundesvereinigung Deutscher Arbeitgeber – in Anlehnung an die Daten vom Institut der deutschen Wirtschaft – die aktuelle Situation im Gegensatz zum Deutschen Institut für Wirtschaftsforschung sehr kritisch, denn „der Engpass an [...] Arbeitskräften ist ein strukturelles Problem, das als Wachstums- und Innovationsbremse hohe Wertschöpfungsverluste für die deutsche Volkswirtschaft verursacht"[42].

Nach Betrachtung dieser differenzierten Positionen fällt vor allem die Kontroverse auf, dass das DIW von einem Stellenabbau nach der Weltwirtschaftskrise im industriellen Sektor spricht, wohingegen die BDA davon überzeugt zu sein scheint, dass der aktuelle Fachkräftemangel in Zukunft sogar eine noch größere Lücke auf dem deutschen Arbeitsmarkt aufwerfen wird. Mit dieser Ansicht ist die Bundesvereinigung der Deutschen Arbeitgeberverbände nicht alleine: Auch der Verein Deutscher Ingenieure (VDI) fürchtet den Fachkräftemangels speziell in dessen Branche seit einiger Zeit.

Der Verein prognostiziert, dass sich der allgemeine Arbeitsmarktaufschwung auch zukünftig auf den Ingenieurarbeitsmarkt niederschlage, „die Ingenieurlücke also noch weiter steigen wird"[43].

Um dem Mangel von Fachkräften entgegenzuwirken, setzt sich der Verein besonders dafür ein, ausländische Fachkräfte nach Deutschland zu holen: Nach Angaben von VDI-Präsident

---

[40] O.V. [Arbeitgeber] (2012), Web.
[41] O.V. [BDA; IW] (2012), Web.
[42] O.V. [BDA] (2012), Web.
[43] O.V. [VDI] (2011), Web.

Udo Ungeheuer seien mittlerweile bereits 159.000 Ingenieure mit ausländischer Staatsangehörigkeit in Deutschland erwerbstätig[44].

Die Idee, ausländische Fachkräfte zu rekrutieren, ist nicht neu: Sie kam bereits im Jahr 2000 auf, als die sogenannte Greencard eingeführt wurde. Qualifizierte IT-Arbeitskräfte aus dem Ausland sollten offene Stellen in diesem Wirtschaftszweig kurzfristig besetzen – allerdings habe diese politische Maßnahme nicht die gewünschten Ergebnisse erzielt. Deutschland habe zu wenig attraktive Bedingungen für Fachkräfte geboten[45]. Der Verein Deutscher Ingenieure erhofft sich nach der Einführung der Blue Card nun mit Hilfe der „engineerING Card", einen „wertvollen Beitrag zur Schaffung eines integrierten europäischen Arbeitsmarktes für Ingenieure"[46] zu leisten. Durch den Berufsausweis sollen vergleichbare Standards geschaffen und ingenieurswissenschaftliche Abschlüsse zuverlässig anerkannt werden. Zwar unterstützt Deutschland auf diese Art und Weise europäische Krisenstaaten damit, deren Arbeitsuchenden einen Job zu geben, dennoch kann man sich im Hinblick auf die Zukunft fragen, ob Unternehmer, die von diesem Modell vermehrt Gebrauch machen, auch ein Überangebot an Fachkräften riskieren. Die Mühen, ausländische Fachkräfte für offene Stellen zu rekrutieren, werden zwar einerseits befürwortet und geschätzt, andererseits auch vehement kritisiert.

Wirtschafts- und Sozialforscher Gerd Bosbach ist einer der Kritiker. Er macht seinen Standpunkt zu ausländischen Fachkräften in der deutschen Wirtschaft deutlich: Seiner Auffassung nach gebe es keinen Fachkräftemangel. Im Arbeitsmarktreport der „ARD" beschreibt der Fachmann den Fachkräftemangel als „Lügen mit Zahlen"[47] und greift so die Statistiken des MINT-Reports und vor allem des VDI an. Trotz aller Zweifel räumt Bosbach dennoch ein, dass es zwar Stellen gebe, die nicht in ausreichender Zahl und Schnelligkeit besetzt seien, dennoch sei der Fachkräftemangel lediglich herbeigeredet[48]. Seine These stützt der Empirie-Professor – ähnlich wie das DIW – unter anderem auf die Lohnentwicklung: Da es weder deutlich steigende Gehälter und weniger befristete Arbeitsverträge gebe, sei dies ein Indiz dafür, dass man von keinem Fachkräftemangel sprechen könne. „Wenn es an bestimmten Qualifikationen wirklich fehlen würde", wirft Bosbach auf, „dann ließen Unternehmen ihre Mitarbeiter entsprechend schulen"[49].

---

[44] Vgl. Ungeheuer, U. [VDI] (2014), Web.
[45] Mitesser, M. (2012), S. 52.
[46] Koppel, O. [VDI] (2014), S. 9.
[47] Vgl. [Daserste] (2014), Web.
[48] Vgl. Bosbach, G. [Unicum] (2011), Web.
[49] Bosbach, G. [Unicum] (2011), Web.

Hingegen der Meinung des VDI, dass es einen enormen Engpass an Fachpersonal gebe, stellt der Wissenschaftler weiter zur Debatte, dass ein Arbeitssuchender trotz geeigneter Qualifikation oft schlecht bezahlte Arbeit annehmen müsse, die sogar häufig unter seinen Qualifikationen liege.[50] Wohingegen der Verein der Deutschen Ingenieure appelliert, dass ausländische Fachkräfte der Weg zum Erfolg seien, sieht Bosbach das Problem der Arbeitsmarkt-Situation vor allem bei den Unternehmen selbst: Unternehmer seien „oft nicht bereit, Mitarbeiter mit guter Basisqualifikation zu nehmen und sie dann durch Weiterbildung im Unternehmen für das jeweilige Jobprofil fit zu machen"[51]. Sofern Unternehmer wenig Bereitschaft zeigen, ihre Mitarbeiter den Anforderungen und Neuerungen entsprechend fortzubilden, erschließt sich daraus ein Effekt, den auch Wirtschaftswissenschaftler Witold Malachowski am Beispiel von polnischen Ingenieuren in einem Interview mit dem VDI-Verlag aufgriff: „Die Lohnansprüche polnischer Ingenieure sind wesentlich niedriger als die der deutschen Ingenieure. Obwohl die Lohnschere nicht so weit auseinanderklafft wie in der Vergangenheit, dürfte das Verhältnis 1:3 betragen."[52] Mit dieser These geht auch Fachkräfte-Kritiker Bosbach einher, denn hinter den Versuchen, die MINT-geprägte Fachkräftelücke mit Hilfe von ausländischem Personal zu schließen, stecke seiner Auffassung nach ein entscheidender Vorteil: Der eigentliche Versuch, die Preise für ausländische Fachkräfte so niedrig wie möglich zu halten. Das hat nicht nur die Ausbeutung von Arbeitnehmern aus anderen Ländern und Ungleichheit zur Folge, sondern auch einen gesteigerten Konkurrenzdruck auf Deutschlands Fachkräfte. Für Unternehmer habe diese Art von Gehaltspolitik noch einen weiteren Vorteil: nämlich die „steigende Gehaltsansprüche abzuwehren"[53].

Zusammenfassend lässt sich sagen, dass Sozialforscher Bosbach mit seinen kritischen Thesen nahelegt, dass Unternehmen nicht unbedingt vor der Existenzgefährdung stehen, sondern vielmehr von einem Fachkräftemangel profitieren würden. Insgesamt gesehen könnten Unternehmen, die ausländische Fachkräfte eingestellt haben, trotz ansteigender Konjunktur geringe (Mindest-)Löhne zahlen. Demnach würde sich der Fachkräftemangel für zwei Seiten eher lohnen, als zu wirtschaftlichem Misserfolg führen: Auf der einen Seite werden Krisenstaaten Arbeitslose abgenommen und auf der anderen Seite kann die Politik und Wirtschaft durch reduzierte Löhne Vorteile erzielen.

---

[50] Vgl. Bosbach, G. [Unicum] (2011), Web.
[51] Bosbach, G. [Unicum] (2011), Web.
[52] Malachowski, W. (2012), Web.
[53] Bosbach, G. [Unicum] (2011), Web.

Ob der Fachkräftemangel nun tatsächlich existiert oder lediglich ein Mythos ist, stellt eine empirische Herausforderung dar. Das liegt einerseits daran, dass die Informationen über die Arbeitsnachfrage begrenzt seien, da Arbeitgeber gesetzlich nicht dazu verpflichtet sind, offene Stellen zu melden und andererseits liegt es daran, dass systematische Zusammenhänge zwischen gemeldeten Stellen und dem gesamten Angebot bisher noch nicht aufgedeckt seien[54]. Die Schwierigkeit der Überprüfbarkeit lässt sich beispielhaft an der Messungsmethode des VDI aufzeigen: Die Zahlen, auf denen der Fachkräftemangel basieren soll, werden von der Agentur für Arbeit erhoben und dann durch ein eigenes Institut aufbereitet[55]. Diese Tatsache spiegelt die Kritik an einer unpräzisen Messung wider, die das DIW und Sozialforscher Bosbach gegen den VDI erheben.

Allgemein lässt sich festhalten, dass die „Ausgleichsprozesse am deutschen Arbeitsmarkt bislang eher durch qualitative Diskrepanzen zwischen beiden Marktseiten beeinträchtigt werden als durch ein tatsächliches Fehlen von Arbeits- bzw. Fachkräften, das zu dauerhaft unbesetzt bleibenden Stellen führt."[56] Ob man dem VDI hinsichtlich des Ingenieurmangels nun Schwarzmalerei oder sogar „Lügen mit Zahlen" vorwerfen kann, bleibt fraglich. Vielmehr muss der Frage auf den Grund gegangen werden, warum es auf der einen Seite zwar genügend qualifiziertes Personal in Deutschland gibt und auf der anderen Seite genügend freie Stellen zur Verfügung stehen, die darauf warten, besetzt zu werden. Ob der Fachkräftemangel tatsächlich bedrohend ist und Deutschlands Wirtschaft hemmen wird, lässt sich nicht vollständig prognostizieren und belegen. Fest steht vielmehr, dass sich auf Deutschlands Arbeitsmarkt in Zukunft einiges tun muss, um Arbeitsuchende mit verfügbaren Stellen zusammenzubringen. Schließlich besteht ein Ungleichgewicht am Arbeitsmarkt, woraus allerdings eine solide Basis für passende Bewerber und offene Stellen geschafft werden muss. Sowohl in der Bildungspolitik können verschiedene Problemlösungsansätze einen erheblichen Beitrag zur wirtschaftlichen Zukunft leisten als auch bei den Unternehmen direkt. Vor allem Unternehmer müssen bereit sein, umzudenken und – hinsichtlich des demografischen Wandels – auch lernen, umzustrukturieren. Welche Strategien angewendet werden können, um einerseits den Fachkräfteengpass zu überwinden, die Lücke an qualifiziertem Personal zu schließen und andererseits zukünftig erfolgreich zu rekrutieren, werden im folgenden Abschnitt genauer vorgestellt.

---

[54] Vgl. Kettner, A. (2012), S. 61.
[55] Vgl. Dadomo, M.[Daserste] (2014), Web.
[56] Kettner, A. (2012), S. 135.

3.2 Neue Wege zur Gewinnung von Personal

Damit Unternehmen zukünftig weder auf wirtschaftlichen Erfolg noch auf qualifiziertes Personal verzichten müssen, werden im Weiteren verschiedene Strategien und Ideen vorgestellt, wie man das Fachkräfteangebot in Deutschland sichern und ausbauen kann.

Eine Pauschallösung gibt es in der aktuellen Situation zwar nicht, aber zumindest steht fest, dass es zunehmend wichtiger wird, kreative Maßnahmen zu entwickeln, innovativ zu sein und neue Wege zu gehen. Um auf dem Markt konkurrenzfähig zu bleiben, ist branchenspezifisches Personal für Unternehmen eben unentbehrlich. Viele Unternehmen „befinden sich im Wettbewerb um Talente"[57] in einer ungünstigen Ausgangssituation, die sowohl dem demografischen Wandel als auch den anderen in Abschnitt 2.2 dargestellten Einflussgrößen zugrunde liegt. Sofern man die Arbeitnehmer als wichtigste Ressource für ein Unternehmen verstehen will, so müssen Strategien zur Anwendung kommen, die eben genau dieses Humankapital sichern. Dafür wird es zukünftig nötig sein, ein funktionierendes Personalmanagement aufzubauen, das gutes Personal rekrutiert und das Potential von Bewerbern erkennt. Auf Bewerberseite hingegen erscheint nicht nur das Erlangen von branchenspezifischer Fachkompetenz wichtig, gleichwohl auch ein Maß an sozialer Kompetenz. Kompetenzen zu erlangen, fußt nicht erst im Beruf, sondern vor allem in der Schulzeit: In diesem Lebensabschnitt entwickeln sich Talente, Fähigkeiten und Interessensgebiete. Durch individuelle Förderungsangebote – und Maßnahmen in Fachgebieten, könnte man Schülern schon vor Berufseinstieg Qualifikationen vermitteln und verleihen. Von einem breit gefächerten AG-Angebot wie auch vermehrten Praktikumsphasen, würden Schüler profitieren. Schließlich gibt es Schüler, die in manchen Fächern leistungsschwach sind, aber dennoch besondere Fähigkeiten haben, die aber auf Grund des Notensystems nie zum Vorschein kommen werden. Unsere Gesellschaft nutze zahlreiche verborgene Fähigkeiten vieler Menschen noch nicht, obwohl sie in Bereichen, in denen sie talentiert sind, exzellente Fachkräfte werden könnten[58]. Auch wenn Schulabgänger der Eintritt auf den Arbeitsmarkt auf Grund von schlechten Noten verwehrt bleiben kann, gibt es auch auf Unternehmensseite Potential, das bisher kaum genutzt wurde: das richtige Image.

Dass es gerade in der MINT-Branche an Fachkräften mangeln soll, ist auf den ersten Blick nicht verwunderlich. Schließlich hat der Berufswunsch oder das angestrebte Studium auch etwas mit dem Image des gesamten Berufsfeldes zu tun. Gerade in diesem Punkt könnte ein

---

[57] Reglin, T. (2011), S. 5.
[58] Vgl. Gaedt, M. (2014), S. 210.

positiver Imagewandel dazu führen, dass es zukünftig nicht nur mehr Männer in technische Berufe führt, sondern auch Frauen. Zwar stehen technische Berufe unter dem Vorurteil, das lediglich Männer dazu berufen sind, allerdings könnte ein MINT-Unternehmen durch die richtigen Marketingmaßnahmen und gut platzierte Öffent-lichkeitsarbeit viel Interesse an diesem Berufsfeld wecken. Gerade ein positives Image sorgt für eine hohe Bewerberzahl und somit auch für eine erhöhte Auswahlmöglichkeit für Unternehmen. Nicht nur das Image eines Unternehmens ist ein wichtiger Faktor für potentielle Mitarbeiter, sondern auch die Attraktivität. Um den Fachkräftemangel unter anderem mit Hilfe von ausländischen Fachkräften beheben zu können, muss Deutschland attraktiv sein. Deutschland gilt zwar als ein Land mit hohem Qualitätsniveau – doch macht das attraktiv? Oder schreckt dieses Image junge ausländische Fachkräfte sogar ab? Wenn man sich für eine Zukunft in Deutschland entscheidet, werde der Aufenthalt durch bürokratische Prozesse oftmals sogar noch erschwert[59]. Um den „Bürokratie-Dschungel" zu bekämpfen, gibt es aber mittlerweile Agenturen, die „Rück- und Zuwanderung fördern und vorantreiben"[60]. Trotzdem zieht es viele dieser Fachkräfte nach erfolgreicher Umsiedlung früher oder später doch wieder in die Heimat zurück. Zum einen auf Grund von sozialer Isolation, zum anderen aber sicherlich auch wegen eines unattraktiven Umfelds. Die meisten offenen Stellen warten schließlich nicht in Metropolen wie München, Berlin oder Hamburg, sondern eher in „unbeliebten" Regionen außerhalb des urbanen Lebens. Dank der Einführung des Bachelor- und Mastersystems, gibt es einerseits Vorteile für die arbeitsmarktorientierte Ausbildung und andererseits schafft es Möglichkeiten des internationalen Vergleichs und baut so Barrieren ab. Doch nicht nur das deutsche Hochschul- und Schulsystem muss sich dem strukturellen und demografischen Wandel stellen: Auch Unternehmer und Bewerber müssen sich neu aufeinander einstellen.

Steife Unternehmensstrukturen treffen oft auf selbstbewusste Bewerber, die auf den Ar-beitsmarkt strömen. Deshalb ist es nicht nur auf Seiten der Bewerber wichtig, sich gut zu präsentieren, sondern auch für Unternehmen. Schließlich ist es doch so: Wenn sich

Unternehmen um Mitarbeiter so bemühen müssten, wie Bewerber um eine Stelle kämpfen, „werden auch sie lernen, mehr Wertschätzung zu zeigen"[61] und sich als attraktiver Arbeitge-ber darstellen. Bisher ist der Arbeitsmarkt allerdings eher davon geprägt, dass sich Bewerber als gewinnbringend für ein Unternehmen verkaufen, warum aber verkaufen sich Unternehmen nicht? Vielleicht könnte die Zahl der beklagten offenen Stellen verringert werden, wenn auch

---

[59] Vgl. Mitesser, M. (2012), S. 57.
[60] Fix, M. (2010), S. 12.
[61] Gaedt, M. (2014), S. 208.

Unternehmen erkennen würden, dass sie Perspektiven bieten müssen – vor allem für die nächsten Generationen, die bald auf sie zukommen. Als Perspektive lassen sich beispielsweise eine ausgeglichene Work-Life-Balance, Aufstiegschancen, Fortbildungen und innerbetriebliche Schulungen und natürlich ein attraktive Vergütung kennzeichnen.

Die Gesellschaft befindet sich zurzeit im Wandel – das ist Fakt. Damit einhergehen auch neu definierte Rollenvorstellungen: Da die Rollenvorstellung eines Mannes als alleiniger Familienversorger heutzutage überholt zu sein scheint, nimmt im Zuge dessen die Beschäftigung von beiden Geschlechtern einen ganz anderen Wert ein. Wenn die Bevölkerung veraltet und die Arbeitskraft abnimmt, wird die Arbeitskraft der Frauen stärker in den Vordergrund rücken, um den sinkenden Anteil von erwerbsfähigen Menschen auszugleichen. In diesem Kontext sei zu erwähnen, dass Frauen ein enormes Arbeitspotential mitbringen und gerade das Interesse in Bezug auf MINT-Berufe mehr geweckt werden sollte. In diesem Fall stehen Schulen, Betriebe und Hochschulen in Verzug, nicht nur die Aufmerksamkeit auf diese Branche zu lenken, sie attraktiv zu gestalten, sondern auch gezielt zu fördern. Damit Frauen wieder mehr in den Arbeitsmarkt integriert werden, sollten die Work-Life-Balance, die Vereinbarkeit von Beruf und Familienleben, stimmen – die Frauenquote einzuführen, ist definitiv nicht genug. Damit der Wunsch nach der Vereinbarkeit aufgeht, werden sich Unternehmer verpflichtet fühlen, „zukunftsorientierte Modelle zur Flexibilisierung der Arbeitszeiten"[62] einzuführen. Ein weiterer Anhaltspunkt, eine Verbesserung der Vereinbarkeit zu erzielen, könnte auf politischer Ebene sein. Für jedes Kind sollten beispielsweise genügend Kitaplätze vorhanden sein, damit es wieder machbar wird, arbeiten zu gehen und nebenbei eine Familie zu haben.

Eine weitere Strategie, die ergriffen werden kann, spiegelt sich vor allem in Anbetracht des demografischen Wandels wider: Der Anteil der über 50-Jährigen Arbeitnehmer werde in den nächsten Jahren sehr stark ansteigen[63]. Vor diesem Hintergrund sei es von großer Bedeutung, durch vermehrte Einbindung von älteren Mitarbeitern, den Mangel an jungen Nachwuchskräften zumindest teilweise auszugleichen[64]. Wenn es Unternehmen gelingen würde, ältere Mitarbeiter länger zu halten und deren bisheriges Wissen und Kenntnisse auch auf neue Technologien und Innovationen zu übertragen, könnten diese Mitarbeiter zu zusätzlichen Fachkräften werden. Ein weiterer positiver Nebeneffekt wäre in diesem Zusammenhang auch der Wissenstransfer in Form von Mentoring. Unerfahrene könnten so vom

---

[62] Mitesser, M. (2012), S. 63.
[63] Vgl. Mitesser, M. (2012), S. 69.
[64] Vgl. McKinsey & C. (2011), S. 23-24.

Erfahrenen lernen – vorausgesetzt, das Wissen wurde regelmäßig erneuert und auf den neuesten Stand der Technologie gebracht.

4 Fazit

Im Grunde genommen hat Deutschland genug Hochschulabsolventen und Schulabgänger, die so ausgebildet werden könnten, dass sich der Fachkräftemangel weder bedrohlich entwickelt noch die Wirtschaft enorm angreift. Fakt ist allerdings, dass hinsichtlich der Personalrekrutierung und der Umgangsweise mit Bewerbern unbedingt neue Wege eingeschlagen werden müssen, um vom gesamten Potential der möglichen Arbeitnehmer zu profitieren. Der wesentliche Faktor, warum es einerseits sein kann, dass es viele unbesetzte Stellen in Unternehmen und andererseits mehr Arbeitslose auf dem Arbeitsmarkt gibt, sollte hinreichend untersucht und das Verteilungsproblem gelöst werden – Fachkräftemangel hin- oder her. Sowohl eine individuelle schulische Förderung als auch spezielle Schulungs-maßnahmen innerhalb des Betriebs, könnten helfen, Fähigkeiten und Talente des Personals herauszustellen und auch weiterhin zu fördern. Ziel sollte sein, Mitarbeiter so zu schulen, dass aus ihnen Fachpersonal wird. Auch ein besseres Personal- und Bewerbermanagement könnte dafür sorgen, dass passende Arbeitnehmer besser mit den Arbeitgebern zusammenfinden. Gerade im Personalwesen kann mehr Initiative und Engagement dazu führen, mehr qualifiziertes Personal zu rekrutieren.

Auch wenn sich die Frage, ob der Fachkräftemangel nur ein Mythos ist, kaum klären kann, gibt es einen wesentlichen Indikator, der für einen Fachkräftemangel spricht: der demografische Wandel. Die Reduzierung der Bevölkerung ist trotz einer wenig erhöhten Geburtenzahl kaum aufzuhalten. Deshalb ist es umso wichtiger, nicht nur auf die Jugend zu setzen, sondern vor allem auch ältere Mitarbeiter in die neuen Technologien einzuweisen, anstatt in Frührente zu schicken. Auch wenn Folgen wie Outsourcing, Wachstums-gefährdung und das Ungleichgewicht am Arbeitsmarkt nicht von heute auf morgen beseitigt werden kön-nen, sollten Unternehmen vermehrt auf Kompetenz-management setzen und vorausschauend mit den wichtigsten Erfolgs-Ressourcen Wissen und Humankapital umgehen. Auch wenn der Verein Deutscher Ingenieure und die Politik ausländische Fachkräfte willkommen heißt, damit diese die Fachkräftelücke schließen, scheint dies bisher nicht der Weg zum Erfolg zu sein. Viel wichtiger erscheint hingegen, ein Arbeitsumfeld zu schaffen, das einerseits Möglichkeiten bietet, die Familie und den Beruf vereinbaren zu können und andererseits Arbeitnehmern und Auszubildenden mehr Perspektiven aufzuzeigen. Schließlich profitieren nicht nur die Mitarbeiter von Weiter-bildung, sondern letztlich vor allem das Unternehmen.

Werden zum Abschluss des letzten Kapitels die Ergebnisse noch einmal resümiert, so ist festzuhalten, dass es durchaus einige Wege und Möglichkeiten gibt, die die Lage auf dem Arbeitsmarkt sowohl kurzfristig als auch langfristig verbessern können. Um Gleichgewicht am Arbeitsmarkt zu erzielen, wird es wichtig sein, dass Unternehmen mit dem Staat zusammenarbeiten und erkennen, dass Deutschland bereits jetzt ausreichend qualifizierte Fachkräfte hat. Die bisher lediglich ungenutzten Ressourcen müssen mobilisiert und umfassend aktiviert werden, um dem gesellschaftlichen Wandel entgegenzutreten.

Literaturverzeichnis

Bosbach, G. (2011): Interview mit Unicum:
http://www.unicum.de/karriere/aktuelles/news/fachkraeftemangel-interview-mit-wissenschaftler-gerd-bosbach/ [Abruf am 04.01.2015].

Bremer, U. (2014): Die Story im Ersten: Der Arbeitsmarktreport:
http://www.daserste.de/information/reportage-dokumentation/dokus/sendung/hr/die-story-im-ersten-der-arbeitsmarktreport100.html [Abruf am 02.01.2015].

Brenke, K. (2010): Fachkräftemangel kurzfristig noch nicht in Sicht, Berlin 2010:
http://www.diw.de/documents/publikationen/73/diw_01.c.363686.de/10-46-1.pdf

Fix, M. (2010): Der demografische Wandel und der daraus entstehende Fachkräftemangel, Norderstedt 2010.

Gaedt, M. (2014): Mythos Fachkräftemangel: Was auf Deutschlands Arbeitsmarkt gewaltig schiefläuft, Weinheim 2014.

Horn, G. A. : Springer Gabler Verlag (Hrsg.), Gabler Wirtschaftslexikon, Stichwort:
Konjunktur: http://wirtschaftslexikon.gabler.de/Archiv/90190/konjunktur-v5.html [Abruf am 26.01.2015]

Kettner, A. (2012): Fachkräftemangel – Fakt oder Fiktion?: Empirische Analysen zum betrieblichen Fachkräftebedarf in Deutschland, Nürnberg /Bielefeld 2012.

Klein, M. : Springer Gabler Verlag (Hrsg.), Gabler Wirtschaftslexikon, Stichwort:
Struktureller Wandel: http://wirtschaftslexikon.gabler.de/Archiv/55243/struktureller-wandel-v9.html [Abruf am 26.01.2015]

Knaiewski, A. (2012): Interview mit Witold Malachowski: http://www.ingenieur.de/Arbeit-Beruf/Arbeitsmarkt/Deutsche-Ingenieure-weniger-flexibel-polnischen-Kollegen [Abruf am 11.01.2015].

Kocka, J. (2008): Chancen und Herausforderungen einer alternden Gesellschaft. In:
Staudinger, Ursula M., Hüfner, Heinz (Hrsg.), Berlin 2008.

Koppel, O. (2014): Broschüre: 2014: Ingenieure auf einen Blick, VDI (Hrsg.), Meckenheim 2014.

http://www.vdi.de/fileadmin/vdi_de/redakteur/sk/VDI_Broschuere_Ingenieure_auf_einen_Bli
ck_2014.pdf [Abruf am 02.01.2015].

Massing, P., Pohl, K. (2103): Abenehmende Bevölkerung – zunehmende Probleme: Der
demografische Wandel in Deutschland als Herausforderung, Schwalbach 2013.

Mitesser, M. (2012): Fachkräftemangel in Deutschland: Ausmaß, Ursachen und
Lösungsstrategien, Hamburg 2012.

Obermeier, T. (2014): Dossier Arbeitsmarktpolitik Fachkräftemangel:
http://www.bpb.de/politik/innenpolitik/arbeitsmarktpolitik/178757/fachkraeftemangel?p=all
[Abruf am 02.01.2015].

O.V. [BDA] (2012): Presse Information MINT-Fachkräftemangel:
http://www.arbeitgeber.de/www/arbeitgeber.nsf/id/DE_PI06012 [Abruf am 04.01.2015].

O.V. [VDI] (2011): Positionspapier Seite 3: Fachkräftemangel- und sicherung:
http://www.vdi.de/fileadmin/vdi_de/redakteur_dateien/dps_dateien/SK/Studien_Stellungnah
men/2011/11-05%20Positionspapier%20Fachkr%E4ftemangel%20und%20-sicherung.pdf
[Abruf am 02.01.2015].

O.V. [Welt] (2009): Wirtschaft: DAX-Unternehmen flüchten sich in die Kurzarbeit:
http://www.welt.de/wirtschaft/article3063653/Dax-Unternehmen-fluechten-sich-in-die-
Kurzarbeit.html [Abruf am 29.12.2014].

Reglin, T. (2011): Vorwort, Seite 5, in: Strategien gegen den Fachkräftemangel: Kompetenz-
und Wissensmanagement im Mittelstand, Herbert Loebe, Eckart Severing (Hrsg.), Bielefeld
2011.

Ungeheuer, U. (2014): Broschüre: 2014: Ingenieure auf einen Blick, VDI (Hrsg.),
Meckenheim 2014.
http://www.vdi.de/fileadmin/vdi_de/redakteur/sk/VDI_Broschuere_Ingenieure_auf_einen_Bli
ck_2014.pdf [Abruf am 02.01.2015].

Zapf, I., Brehmer, W. (2010): Flexibilität in der Wirtschaftskrise: Arbeitszeitkonten haben
sich bewährt, IAB (Institut für Arbeitsmarkt- und Berufsforschung) (Hrsg.), 22. Auflage,
Bielefeld 2010.